AF582292

MAISONS D'ENFANTS de BESANÇON-LA MOUILLÈRE

(DOUBS)

CURE SALINE — CURE SOLAIRE

PREVENTORIUM DE BEAUREGARD

(Altitude : 360 mètres - Funiculaire)

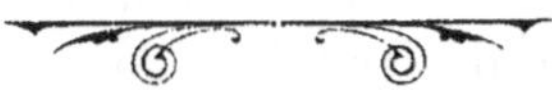

QUELQUES RÉFLEXIONS

sur les Résultats obtenus pendant la Saison 1918

dans le Traitement des Enfants chétifs

par le Docteur DASSE

Médecin-Chef du Service hydrominéral de Besançon-La Mouillère

Imp.-Pap. Ch. RAMBAUD — Besançon

BUT DE L'ŒUVRE

Parmi les idées nouvelles que la Guerre a fait naître et réaliser, presqu'en même temps, à Besançon, le **PREVENTORIUM de BEAUREGARD** pour le sauvetage de l'enfance chétive, n'est pas une des moins intéressantes.

Durant quatre années, l'élite de la race n'a cessé de tomber sur le front de bataille en une moisson si dense qu'aucun esprit l'eût pu jamais imaginer ; pour aider la France à se relever, il faut lui conserver jalousement l'enfance qui monte, « le blé qui lève », en protégeant, en fortifiant, en rendant sains ceux qui, dès demain, seront appelés à tenir la place de la génération disparue.

L'idée, belle et féconde, a pris vite le chemin des cœurs ; elle a frappé, par ses conséquences, des esprits clairvoyants et des âmes généreuses ; tous ont voulu apporter sans retard les moyens de sauver les jeunes blessés de la vie.

Don magnifique de cent mille francs d'un bienfaiteur anonyme, activité créatrice et organisatrice du Comité de Patronage, collaboration étroite et intelligente de dévouements et, on peut le dire, de talents hors de pair, en faveur de l'œuvre nouvelle, quel chemin parcouru et quelle tâche accomplie, malgré les difficultés du temps de la guerre, depuis le début de 1917 qui vit, nous ne saurions trop le répéter, presqu'en même temps, l'éclosion de l'idée et les premières réalisations.

Le Comité de Patronage se pénétra bien vite de cette idée, qui s'est actuellement imposée à peu près à tous les médecins, et conquiert de plus en plus les suffrages du grand public, que, pour stimuler, fortifier et reconstituer les organismes affaiblis, à la nutrition ralentie ou viciée, le salut se trouve non dans le traitement médicamenteux, mais dans l'emploi large et méthodique des *agents physiques*.

Besançon a l'avantage, qui lui est propre, de posséder l'un de ces agents et non l'un des moindres, le **SEL**, dont nous disposons sous la forme de *l'eau chlorurée sodique forte, iodo-bromurée et athermale* de La Mouillère.

A cette cure saline, il peut paraître facile d'ajouter, n'importe où, les cures par l'air et par le soleil qu'on rencontre, l'un et l'autre, partout. La question ne se présente pas tout à fait avec cette simplicité, car il faut compter avec l'humidité de l'atmosphère qui, d'une part, modifie le mode de pénétration des rayons solaires, et, d'autre part, en augmentant la conductibilité ambiante, rend trop sensibles les variations de température. Il en résulte que dans l'air humide on sent moins directement les rayons de soleil, puis on a trop chaud quand il fait chaud, et on a trop froid quand il fait froid.

En installant ses **MAISONS d'ENFANTS** sur le plateau de Beauregard, le Comité a su écarter ces inconvénients. Nos maisons dominent de 100 mètres le niveau du Doubs et se trouvent complètement au-dessus et en dehors de la tranche atmosphérique humide provenant de l'évaporation de la rivière et des terrains humides qui ne la bordent que sur une zone très restreinte.

L'ensemble de ces avantages : eau saline, soleil, air pur et léger, semi-altitude (360 mètres), donne à notre **PREVENTORIUM** une place spéciale dans la gamme thérapeutique offerte par les établissements similaires. Il pourra d'abord être utilisé par la grande masse des enfants auxquels le sel, le soleil et l'air réussissent où qu'ils les trouvent réunis, mais cet ensemble sera plus spécialement indiqué pour quelques autres qui supportent mal, soit le climat marin, soit l'altitude. Il ne fera donc pas double emploi avec les Preventorium marins pas plus qu'avec les Preventorium d'altitude, car il sera seul spécifiquement adapté à certains cas bien connus des médecins.

Enfin, en dehors de la cure de sel, de soleil et d'air, le Comité entend faire profiter ses petits pensionnaires des bénéfices de la gymnastique médicale et de la culture physique, scientifiquement dirigées.

SON ORGANISATION

Le principe en est la création de deux Maisons *identiques* sous le rapport de l'installation, des soins donnés et du traitement appliqué, mais destinées, l'une, *payante*, aux enfants de familles aisées, l'autre, *gratuite*, aux enfants déshérités de la fortune.

Tous les bénéfices résultant de l'exploitation de la première, seront consacrés à l'entretien de la seconde, de sorte que, comme cela a été dit dans la brochure "**MAISONS d'ENFANTS**", « chacun des hôtes « du premier Preventorium aura la conscience qu'il « sauve, en même temps que sa propre santé, la santé « d'un frère de souffrance ». Cette Œuvre offre donc à côté d'une pensée éminemment touchante, le double avantage, au point de vue social, de soulager l'infortune des malheureux et de faire l'éducation des heureux.

Une Société Immobilière, régulièrement constituée, a acheté des terrains sur le plateau aéré, abrité, ensoleillé de Bregille, à portée du Funiculaire, qui relie si heureusement l'Etablissement des Bains Salins au Plateau et à ses sommets boisés.

Une seconde Société s'est constituée pour prendre la direction et régir les établissements qu'elle devait créer et confier aux soins de Religieuses dévouées. Mais tout le monde sait que les matériaux et la main-d'œuvre manquaient. Qu'importe ! La réalisation de l'idée d'un Preventorium, même provisoire, hantait l'esprit et le cœur des Administrateurs de la Société.

Un pavillon déjà existant dans les propriétés achetées est agencé, modernisé. Six pièces confortables et une véranda sont préparées. Tout est verni au ripolin.

Autour, de riantes pelouses attendent le *Solarium* et les terrains de jeux de plein air. Deux Religieuses et une domestique installent douze petits lits blancs et, le 16 mai 1918, six enfants franchissent le seuil du PREVENTORIUM PROVISOIRE.

A ce jour, seize fondations patronales de 10.000 francs chacune (1), et de nombreuses offrandes particulières sont déjà venues souligner le joli geste du premier bienfaiteur anonyme. Nul doute que les résultats très encourageants déjà obtenus ne provoquent de nouveaux dons et n'amènent de nouvelles fondations. Les besoins de l'enfance chétive et malheureuse sont si grands !

ROLE DU PREVENTORIUM

Il est triple :

Prèvenir, c'est-à-dire courir au-devant du danger pendant qu'il est encore temps ;

Choisir, en retenant surtout les enfants qu'une hérédité mauvaise a diminués, qu'une hygiène défec-

(1) Citons : Société anonyme des Usines d'Ornans ; Paul Girod, à [illegible]sion ; Les Fils de Peugeot Frères à Valentigney ; Société [illegible] de Franche-Comté ; Société pour l'Eclairage par [illegible] Ville de Besançon ; Société des Automobiles [illegible]on ; Société des Etablissements Singrun, à [illegible] Viellard-Migeon, à Morvillars ; Comptoir des [illegible]is ; Société des Papeteries Chel ; Société des [illegible]dandre ; Japy et Cie, à Beaucourt ; Mgr S. de [illegible]oustier, député, etc.

tueuse a abîmés, que des contages dangereux ont déjà touchés ;

Transformer, par la reconstitution, la rénovation des organismes souvent profondément viciés.

Tout d'abord, nous devons dire bien haut que les enfants contagieux, à quelque titre que ce soit, sont *strictement éliminés* du PREVENTORIUM. Quels sont alors les enfants qui devront y être admis ?

Déjà familiarisé avec les eaux de **BESANÇON-LA MOUILLÈRE** depuis trois ans, ayant soigné dans notre Service Hydrominéral de l'Hôpital du Casino plus de 3.000 blessés et malades de la guerre, pénétré des idées du Maître Antonin PONCET, sans peut-être les partager toutes, sur l'unicité de la tuberculose, nous avons été amené à retenir surtout les enfants infectés par le bacille de Koch, non pas les tuberculeux au sens ancien du mot, les tuberculeux pulmonaires, phtisiques ou non, mais les enfants faisant une tuberculose *à minima*, une tuberculose atténuée, soit que le terrain réagisse déjà spontanément, soit que le bacille de Koch soit court et atténué, soit que le bacille soit peu nombreux.

Bref, nous avons traité les petits tuberculeux atténués, les petits tuberculeux inflammatoires. Nous garderons encore les anciens mots de scrofule, de lymphatisme, de strume, non pas pour ne pas effaroucher des esprits que le mot tuberculose n'effraie plus, mais pour employer des termes qui sont plus familiers et évoquent des habitus, des symptômes et des lésions que tout le monde connaît.

Les enfants admis au PREVENTORIUM seront donc :

1° Les SCROFULO-BACILLAIRES (anciens scrofuleux dont l'infection bacillaire se fait par la voie lymphatique et ganglionnaire, avec infections et lésions secondaires, et hypertrophie ganglionnaire du tissu lymphoïde du pharynx et de la muqueuse du nez).

2° Les RACHITIQUES (par déviation de la nutrition).

3° Les HÉRÉDO-BACILLAIRES :

a) Soit qu'ils ne présentent qu'une hérédo-prédisposition morbide ;

b) Soit qu'ils présentent de l'hérédo-dystrophie parabacillaire.

4° Les LYMPHATIQUES avec tous les dystrophiques, les anémiés, les retardataires, les enfants atteints d'impétigo, d'engelures, de conjonctivite, de blépharite, d'otorrhée, etc...

5° Les BACILLAIRES OSSEUX.

43 enfants ont été traités pendant cette première saison (1918). Ils ont été pris, sauf quatre exceptions, parmi les enfants déshérités de la classe pauvre, soit qu'ils aient été choisis par nous dans les quartiers populaires et dans les écoles, soit qu'ils nous aient été envoyés par la Ligue antituberculeuse de Franche-Comté ou par nos Confrères, Médecins des usines de la Région et de la France entière, soit enfin qu'ils aient été présentés par les Sœurs Visiteuses des Pauvres.

Ont été traités les enfants qui nous ont paru devoir

retirer, au maximum, les bienfaits de la cure naturiste complète.

La vieille expérience de nos prédécesseurs dans nos Stations Salines et les bienfaits reconnus de tout temps à l'action des eaux salées, soit à la mer, soit aux Stations Hydrominérales, nous offraient un champ d'expérience extrêmement vaste dans lequel les idées nouvelles allaient nous permettre de choisir les sujets plus spécialement indiqués pour profiter de la Cure de Besançon-La Mouillère.

Nous devons remercier, à cette occasion, MM. les Membres du Comité, plus particulièrement nos Confrères, M. le Médecin-Inspecteur Richard et M. le Docteur Heitz, de la confiance qu'ils nous ont accordée et du champ libre qu'ils nous ont toujours laissé.

MOYENS EMPLOYÉS AU PREVENTORIUM

Hygiène

Les enfants ont vécu au grand air nuit et jour ; habillés très légèrement, en dehors des heures d'insolation, de vêtements amples : chemise, pantalon et tablier. Les pieds et les jambes ont été nus presque constamment, et par tous les temps. La journée se partageait en exercices progressifs : gymnastique éducative respiratoire, marche, course, saut, grimper, course à quatre pattes, travaux de jardinage, etc..., alternant avec des récréations, jeux et repos fréquents, exercices n'allant jamais jusqu'à produire une élévation thermique.

Promenades en forêt tous les deux jours.

L'exposition progressive au soleil a été amenée, assez communément dès la fin de la première semaine, à l'insolation générale pendant une durée de une heure et demie à trois heures.

Les exercices et les jeux étaient suivis d'une douche à l'arrosoir, qui, très vite, était même recherchée par les sujets les plus craintifs et les plus nerveux.

Pendant toute la saison, nous n'avons eu à constater aucun cas de grippe, ni aucun incident de cure sérieux.

Tous ces moyens ont été appliqués et surveillés par deux Religieuses et Madame Barbé, qui ont appliqué et surveillé les exercices de culture avec une compétence et un dévouement de tous les instants, auxquels nous rendons hommage. Le Professeur, Madame Barbé, a obtenu le meilleur rendement de son enseignement, grâce à sa foi dans les bienfaits des exercices physiques, grâce à sa patience tenace et à son énergie douce.

Régime

Nous nous sommes toujours efforcé d'établir un régime aussi simple, aussi paysan et aussi varié que possible, dans lequel prédominaient les végétaux, les farines, les pâtes, les fruits, les œufs et le lait. La viande bouillie ou rôtie ne paraissait qu'au repas de midi. Pas de vin, pas de bière, pas de café. La Sœur qui présidait aux repas, surveillait particulièrement la mastication de ses pupilles.

A 4 heures, goûter, avec une tartine ou des fruits.

Après tous les repas, repos au lit.

Nous avons constaté, une fois de plus, les bienfaisants et rapides résultats d'un régime alimentaire, duquel sont proscrits tous les aliments excitants, ainsi que l'abus malheureusement trop répandu des viandes, sucreries, etc...

Cure Hydrominérale

Les enfants descendaient à pied à l'Etablissement des Bains Salins, où ils faisaient leur cure méthodiquement croissante, et remontaient par le Funiculaire au PREVENTORIUM. Ils prenaient alors le petit déjeuner : soupe ou gaudes (farine de maïs), puis après étaient immédiatement déshabillés et restaient couchés pendant une durée d'une heure à une heure et demie.

Nous pensons que la Cure primitivement fixée à 28 jours était trop courte et, vers la fin de la saison, nous avons augmenté sa durée et, en avons même parfois prescrit une deuxième. Devant quelques déboires, causés par une rentrée trop précoce des enfants dans un mauvais milieu, nous avons été vite amené à créer une **POSTCURE** où les résultats ont été non seulement consolidés, mais notablement renforcés. C'est donc, en moyenne, une Cure naturiste complète de deux mois au moins, que nos enfants chétifs ont suivie.

OBSERVATIONS

H. V., 13 ans, père sain, mère bacillaire, cinq frères et quatre sœurs. Sept de ces enfants sont entachés de scrofule ; arrive au PREVENTORIUM le 17 mai 1918, dans un état lamentable. C'est un adénoïdien-type, avec déformation faciale marquée, hypertrophie des deux lèvres, surtout de la lèvre supérieure, gonflement des ailes du nez. Sa coloration est blafarde et ses téguments sont bouffis. Les diverses parties de son corps sont en état de désharmonie. Son thorax est rétracté et son ventre est proéminent. Il présente une hypertrophie des deux chaînes carotidiennes. C'est un insuffisant respiratoire costal et diaphragmatique. Un gros paquet de végétations adénoïdes empêche la respiration nasale. L'enfant est mou, endormi, et donne une impression de déchéance et de dystrophie accentuées.

L'enfant est d'abord débarrassé de ses végétations le 22 mai, et, quatre jours après, il reprend sa Cure complète, qui ne présentera aucun incident. Le 28 mai, l'appétit de l'enfant est déjà vivement excité, il commence à profiter des leçons de gymnastique respiratoire éducative. Vers le 30, les ganglions cervicaux sont un peu sensibles, mais sans réaction fébrile. La Cure Hydrominérale est conduite progressivement. Quatre semaines après le début du traitement, l'habitus de l'enfant a changé. Son ventre est moins proéminent et son thorax se dilate presque normalement dans les mouvements respiratoires que l'enfant commence à exécuter sans y prendre soin. La respiration nasale est presque bonne. Les muqueuses, de pâles et décolorées, se colorent vivement, les téguments ne sont plus blafards et la bouffissure a diminué. L'enfant est gai, enjoué, il résiste maintenant sans fatigue à une promenade qu'il ne supportait pas à son entrée. A la fin du mois, l'appétit et le sommeil sont excellents, il a augmenté de 2 kilos et grandi de 3 centimètres. A noter, vers le sixième jour de la Cure, une polyurie et une polychésie intenses et un peu d'excitation les derniers jours. Les ganglions ont notablement diminué de volume, ils sont très mobiles et les trois ganglions les plus volumineux se sont fragmentés en sept petites nodosités très mobiles. L'enfant est dirigé sur la Maison de Potscure où l'amélioration s'est encore accentuée.

2° E. P..., 13 ans. Père bacillaire, mère toujours maladive, deux frères et une sœur chétifs. Il entre au Preventorium, le 1er juillet 1918, dans un état d'anémie prononcée avec une blépharite qui résiste et récidive sans cesse, sa face est lunaire, et ses chairs sont molles. L'enfant est mou et sans entrain, il évite les jeux de ses camarades. Son insuffisance respiratoire est marquée, sa capacité thoracique est de 2 l. 2. Son appétit est presque nul et il est constipé habituellement. Ses nuits sont agitées et sa tête est couverte de sueurs profuses pendant son sommeil.

Dès le dixième jour de Cure, l'enfant manifeste un certain appétit et un peu d'excitation. Il fait rapidement sa crise de polyurie et de polychésie. Vers le quinzième jour, il entre assez volontiers dans les jeux de ses camarades et se soumet avec assez de bonne grâce aux exercices physiques. A la fin du mois, son aspect a changé favorablement, son regard est plus vif, la blépharite reste guérie et ses chairs sont presque fermes. Son appétit et son sommeil sont normaux ; l'anémie a disparu presque complètement. De 2 l. 2, sa capacité thoracique est montée à 3 l. 1. Son poids est passé de 21 kg. 600 à 22 kg. 600 ; sa taille de 1 m. 16 à 1 m. 17 et son périmètre thoracique de 54 cm. 5 à 57 cm. 5.

3° *J. B...*, 7 ans et demi, de souche à peu près saine, enfant toujours très délicat, prenant bronchite sur bronchite, a mal supporté une cure à la Bourboule. Nerveux, irritable à l'excès, méchant, il n'a aucun appétit ; son sommeil est généralement agité et sa tête est couverte de sueurs pendant qu'il dort. Il présente une micropolyadénite généralisée. A l'auscultation, on trouve des condensations du sommet droit, une inspiration très légèrement rude et une expiration un peu prolongée. La radioscopie donne une obscurité de sommet qui s'éclaire mal par la toux, l'excursion diaphragmatique du même côté est légèrement diminuée et le dôme un peu surbaissé. Obscurité des deuxième et troisième quarts de l'espace clair médiastinal, ganglions hilaires très marqués à droite.

En arrivant à Besançon, après un long voyage, l'enfant est pris de fièvre (39° 5), et de toux ; une crise d'asthme complique la situation. La semaine suivante, presque tout est rentré dans un ordre relatif.

L'enfant entre au PREVENTORIUM, le 13 août ; il est pâle, maigre, nerveux, irritable. L'adaptation au milieu est plus surveillée que d'habitude à cause des incidents récents. Vers le douzième jour, l'enfant, paraissant déjà entraîné, est soumis aux mêmes exercices que ses camarades. La Cure de nudité, d'exercices, et la Cure saline sont conduites avec la même progression.

Une discipline plus sévère et une obéissance plus respectueuse sont exigées du sujet qui n'en a pas notion. On est frappé tout d'abord de la facile adaptation de l'enfant à un milieu totalement différent du sien, à tous points de vue ; les tout premiers jours, il grelotte et il a la chair de poule, dès qu'on le découvre ; dès la fin de la première semaine, il prétend n'avoir plus froid et réclame sa lotion froide après les exercices. Son appétit augmente très rapidement et il absorbe avec plaisir des aliments qu'il rejetait dans sa famille, tels que des soupes de légumes et des gaudes (farine de maïs). Son changement d'humeur ne tarde pas à se produire ; il est assagi, moins nerveux et moins méchant. Et, quand il sortira, sa famille sera surprise de retrouver un enfant à peu près calme, poli et joyeux.

La crise de polyurie dans le début a été si intense qu'il a uriné plusieurs fois au lit. Une polychésie exagérée a dû faire suspendre les bains pendant six jours.

Vers le quarantième jour, l'enfant a repris de belles couleurs, il mange d'excellent appétit, et dort tranquillement. Ses sueurs nocturnes ont complètement disparu. Aucun incident de cure du côté pulmonaire, si ce n'est une toux qui a duré trois jours avec une température de 37° 8 un jour seulement. Son poids est monté de 21 kg. 200 à 23 kg. 100 ; sa taille, de 1 m. 23 à 1 m. 24, et son périmètre thoracique, de 55 cm à 57 cm. 5. La radioscopie pulmonaire montre des images subnormales. Il persiste deux petits ganglions crétacés au hile droit. Au physique et au moral, nous constatons une amélioration considérable.

4° *R. G...*, 13 ans. Père bacillaire, mère nerveuse, un frère bien portant. Outre les fièvres éruptives de l'enfance, l'enfant a présenté de nombreuses reprises de bronchites traînantes et sa santé a toujours été fragile et instable.

Il a été opéré de végétations adénoïdes. Au mois d'avril 1918, l'enfant a présenté un gonflement dur et un peu douloureux de toute la joue droite. Le mois suivant, ce gonflement s'est ramolli, puis abcédé, et est resté fistulisé, depuis cette époque, par trois orifices situés sur le bord supérieur du maxillaire supérieur droit et sur l'os nasal.

L'enfant entre au Preventorium le 11 juillet. C'est un garçon timide, pâle, anémié, un peu voûté, aux chairs molles. Sa joue droite est très augmentée de volume, et, par les trois orifices fistuleux sort un pus grumeleux abondant. Le stylet pénètre très profondément dans trois directions, et, en bas, la radiographie montre que son extrémité affleure la dent canine reconnue saine. Le sinus maxillaire est sain, une ponction et un lavage établissent que le sinus ne communique pas avec les fistules. Pas d'actinomycose. Il s'agit d'ostéite bacillaire du maxillaire supérieur.

L'enfant est soumis à la Cure générale dans le groupe de ses camarades, en plus du traitement local (applications d'eaux-mères et héliothérapie locale prolongée). L'état général est vivement relevé, l'appétit et les forces sont revenus vers le milieu de la Cure. Le gonflement de la joue, d'abord augmenté, ne tarde pas à diminuer. Le pus, d'abord abondant et grumeleux, devient plus liquide, puis diminue nettement vers la troisième semaine. Un curetage est alors pratiqué. A sa sortie, le 28 octobre, deux orifices fistuleux sont fermés, le troisième orifice se fermera un mois plus tard. L'enfant, revu aujourd'hui, n'a présenté depuis, aucune nouvelle poussée. L'état général est excellent, le poids de l'enfant est monté de 32 kg. 200 à 33 kg. 800, sa taille de 1^m 37 à 1^m 38, et son périmètre thoracique, de 64 cm. 5 à 69 cm. 5.

RÉSULTATS

Des observations précédentes et des faits observés sur les 43 enfants du PREVENTORIUM de BESANÇON-LA MOUILLÈRE, soumis à la Cure de sel, de soleil, de culture physique, de grand air et de régime paysan, pendant la saison mai-octobre 1918, qui fut une saison moyenne pour le pays, plutôt belle, nous pouvons conclure aujourd'hui que l'ensemble *complet* de tous ces moyens physiothérapiques associés a une rapidité et une énergie d'action notablement plus marquées que les Cures isolées et parcellaires.

La Cure de nudité à 300 mètres d'altitude, associée à la Cure hydrominérale, nous semble pouvoir être conduite plus vigoureusement et plus longtemps qu'on ne le croit généralement, les divers incidents de Cure, tels que érythème solaire, élévation de température et menace de surmenage ayant été presque nuls, bien que à notre avis, la Cure saline et solaire donne de moins bons résultats, en hiver et au printemps, sous notre climat.

Les effets physiologiques observés que nous croyons devoir rattacher en grande partie à l'action de la Cure saline, sont ceux habituellement constatés. Les bains stimulent énergiquement tout le système cutané et, par suite, augmentent sa vitalité et le mettent dans les conditions les meilleures pour réagir contre les influences atmosphériques nocives. Au début du bain salin, surtout du bain renforcé, le pouls est accéléré, la tension artérielle est abaissée, puis, très rapidement, quelques minutes après, le pouls devient plus ample et plus lent, la tension artérielle se relève. La vaso-dilatation du début fait place à une vaso-constriction qui n'est que momentanée, mais cet état de vaso-constriction, qui ne dure que quelques heures après le bain, pendant les premières semaines, se prolonge et persiste au fur et à mesure que le nombre des bains augmente et que la salure est plus dense. L'état général se modifie parallèlement, il est assez vite amélioré. Les forces reviennent peu à peu, l'appétit est excité, les fonctions digestives, après une crise passagère de polychésie, sont régularisées, et une sensation de bien-être, d'euphorie, succède tantôt à la dépression morale et physique, tantôt à un état d'excitation, corrigé également en partie, par les autres adjuvents naturistes. C'est surtout à l'action tonique et stimulante du bain sur la circulation cardio-vasculaire et sur la nutrition, action réflexe physico-chimique, qu'il faut rapporter les phénomènes principaux observés.

La diurèse est plus rapidement et plus considérablement augmentée chez les enfants que chez les adultes ; ils urinent fréquemment et beaucoup dans la journée, et il arrive assez souvent qu'ils urinent au lit la nuit, les premiers temps de la Cure, par réplétion trop grande de la vessie pendant un sommeil profond.

L'activité accrue du tube digestif et de ses annexes

se manifeste en même temps par des selles plus fréquentes, plus abondantes et bien digérées.

Le taux de l'urée et le rapport azoturique sont sensiblement relevés.

La déperdition des phosphates constatée sur un quart environ des enfants entrant a été enrayée et n'existait plus à la sortie. Enfin, l'activité de réduction de l'oxyhémoglobine et l'augmentation du nombre des globules rouges ont été des phénomènes pour ainsi dire constants.

Au point de vue local, les effets de la Cure ont été les suivants :

Les scrofuleux du type ganglionnaire ont vu, d'une façon presque constante, leur hypertrophie ganglionnaire, circonscrite au cou et aux régions parotidiennes, sous-maxillaires, axillaires ou inguinales, être influencée dès la deuxième semaine. Après une légère poussée passagère et fugace, où les ganglions étaient un peu augmentés de volume et légèrement sensibles, la gangue qui les unissait, la périadénite, fondait, disparaissait en premier lieu. Dans huit cas, les ganglions les plus volumineux se sont fragmentés en deux, trois et quatre petites masses indépendantes. Dans presque tous les cas, les ganglions ont diminué de volume, et cette diminution s'est encore accentuée pendant le séjour à la Postcure et, après leur retour dans la famille. Dans plus d'un tiers des cas d'adénite bacillaire, les ganglions avaient disparu à peu près complètement au moment d'un examen pratiqué en octobre.

Deux cas d'adénite banale avaient cédé sans suppuration avant la fin de la Cure.

Les porteurs de micro-polyadénite ont paru être influencés, localement, moins rapidement que les précédents.

Parmi les scrofuleux du type cutanéo-muqueux, quatre enfants atteints de blépharite, de kérato-conjonctivite, d'impétigo et d'ecthyma ont été cicatrisés après la quatrième semaine de Cure.

Chez un enfant atteint de tuberculose osseuse fistulisée du maxillaire supérieur, les lésions d'ostéo-périostite, le gonflement, ont très notablement diminué après 45 jours. A la fin du deuxième mois, les fistules étaient taries. Les examens ultérieurs montreront si l'ostéite est éteinte ou non.

Parmi les 43 enfants traités au Preventorium, la grande majorité, les deux tiers environ, nous ont paru être entachés de tuberculose atténuée, de tuberculose à minima, de tuberculose inflammatoire, suivant l'expression d'Antonin Poncet, c'est-à-dire de cette forme de tuberculose dans laquelle le poison bacillaire, plus ou moins atténué, ne produit dans les tissus que les réactions banales de l'inflammation, forme qui est dépourvue de la spécificité anatomique : follicule tuberculeux, cellule géante, etc..., considérée jusqu'à ses recherches comme indispensable pour affirmer la nature d'une lésion, cette forme qui frappe sous les aspects cliniques les plus variés, les plus inattendus, tous les tissus, tous les appareils, tous les organes.

Certains, un cinquième environ, étaient justiciables de thalassothérapie, les autres, étaient des enfants qui rentraient dans les indications principales de la station et chez lesquels la mer était contre-indiquée, soit parce qu'ils étaient des rachitiques ou des scrofuleux sujets aux affections des bronches ou des poumons, soit parce qu'ils présentaient des troubles digestifs accentués et des complications oculaires, plus spécialement de la kérato-conjonctivite, soit, surtout, parce qu'ils étaient d'une excitabilité nerveuse excessive.

Nous nous réservons de présenter plus tard, quand elles seront plus nombreuses et mieux étudiées, nos remarques sur les modifications des fonctions endocriniennes, particulièrement de l'appareil thyroïdien, sous l'influence de la Cure saline forte.

De tout ce qui précède, il semble bien que nous avons tendu tous nos efforts vers le vrai but du Preventorium qui est surtout de courir au-devant du danger, toujours plus grave et plus menaçant de la tuberculose, car, Peter, l'avait déjà signalé, le scrofuleux est un tuberculeux « in posse ».

Après avoir pensé étiologiquement, puis pathogéniquement, de nombreux médecins, sous la poussée des problèmes vitaux de la grande crise, ont été amenés à penser **socialement**.

Nous n'avons recherché et gardé, pour les traiter au **PREVENTORIUM,** que les petits organismes dont les ressorts étaient faussés ou distendus, laissant à d'autres Œuvres ceux dont les ressorts étaient rompus et risquaient de ne plus être utilisables.

Un scrofuleux guéri, c'est non seulement une valeur sociale récupérée, mais c'est aussi souvent une source d'infection du bacille de Koch tarie pour l'avenir.

Et puis, quelle satisfaction pour tous, en comparant les enfants à leur entrée et à leur sortie du **PREVENTORIUM**. Ils arrivent, timides, pâles, inquiets, souffreteux, les chairs molles ; ils s'en vont bien campés, le regard droit et les joues roses, les muscles tendus sous une peau saine et hâlée, dans tout le resplendissement de la belle jeunesse.

Non seulement ces enfants ont renouvelé leur bail de vie, ont évité d'être une lourde charge pour leurs frères, qu'ils risquaient même de contagionner un jour, mais, reconstitués, régénérés, ils vont être à même de rendre cette vie productrice d'énergie sociale.

Docteur DASSE.

www.ingramcontent.com/pod-product-compliance
Lightning Source LLC
LaVergne TN
LVHW050509160826
845677LV00003B/1036

9782329651347